EL RAYADO

Los Secretos De Las Iniciaciones Del Congo

PALO MAYOMBE - PALO MONTE - KIMBISA

CARLOS ANTONIO DE BOURBON-GALDIANO-MONTENEGRO

AMERICAN CANDOMBLE CHURCH PUBLICATIONS, LOS ANGELES, CALIFORNIA

EL RAYADO

Los Secretos De Las Iniciaciones Del Congo

PALO MAYOMBE - PALO MONTE - KIMBISA

AMERICAN CANDOMBLE CHURCH PUBLICATIONS

P.O. BOX 881377

LOS ANGELES, CALIFORNIA 90009

AVISO LEGAL

Ninguna parte de este libro puede ser reproducida en cualquier forma sin el permiso escrito del editor o el autor de este libro. Este libro contiene fórmulas que se utilizaron en la historia Afro-Caribbean y Afro-Brasileña prácticas religiosas de Quimbanda, Candomblé, Macumba y Umbanda. El autor y el editor no favorecen ninguna de las prácticas en este libro, ni asumimos ninguna responsabilidad por la presentación de las fórmulas o de cualquier información contenida en este libro. Las fórmulas se presentan para sólo curiosidad. Ni el autor, Carlos Antonio de Bourbón-Galdiano-Montenegro ni el editor, Iglesia Candomblé de America asumen responsabilidad por el resultado de cualquiera de los hechizos, rituales o iniciaciones en este libro. No hacemos reclamos de los poderes sobrenaturales de estos rituales tradicionales de iniciación. Todas las consultas o comentarios pueden dirigirse a la editorial. Usted debe ser al menos 18 años de edad o más para comprar este libro o para comprar cualquiera de los suministros mencionados en este documento.

TABLA DE CONTENIDO

INTRODUCCIÓN A LOS RITUALES DE CONGO

La "Ceremonia de Iniciación del Rayado" une el nuevo iniciado al mundo de los espíritus Congo para que puedan estar en mejores condiciones e para ayudar a uno a medida que avanza en una dirección positiva en la vida. Hay dos partes de la ceremonia de iniciación del Rayado.

La primera "Ceremonia de Iniciación del Rayado" establece una relación espiritual con los espíritus del Congo.

El segundo " Ceremonia de Iniciación del Rayado ", que se hace tradicionalmente 21 días después de la primera Iniciación del Rayado le da al individuo la capacidad de comunicarse y tener dominio sobre los poderosos espiritus del Congo.

Las dos ceremonias de iniciación del Rayado le da una gran protección individual contra toda la energía mala que puede estar afectando a la persona o que pueden venir a su camino. La ceremonia de iniciación del Rayado le da al individuo la capacidad de saltar por encima de todos los obstáculos de la vida e incluso proteger a una persona de muerte prematura.

El Ceremonia de Iniciación del Rayado hará una persona invisible de cualquier y todos los problemas legales. Esta ceremonia abre el tercer ojo de la persona. Es sólo después de hacer estas ceremonias de iniciación muy importantes que una persona está totalmente aceptado en la tradicion del Congo y como miembro en su munanzo.

La Ceremonia de Iniciación del Rayado puede salvar su vida.

LAS REGLAS DE CONGO

Los diversos Bantú (Congo), las religiones en Cuba desarrolló una tradición religiosa llamada con el nombre general de Palo.

Desde el comienzo de la trata de esclavos transatlántica, cuando los africanos fueron traídos para trabajar como esclavos en las plantaciones de caña de azúcar y café, han existido diversas ramas de la tradición religiosa Congo.

Las diversas ramas de los cultos bantú se les llama "Reglas de Congo o Reglas de Palo" Hay muchas diferencias entre las tradiciones.

Hay tres principales troncos Congo religiosas que existen en Cuba: Palo Mayombe, Palo Kimbisa y Palo Brillumba.

Palo Mayombe O Regla Mayombe

Esto es casi la primera regla del Congo establecido en Cuba. Sólo tienen un tipo de "fundamento nganga": Siete Rayos Nsasi. Se refieren sólo a Nfumbe (muertos) y las energías son muy tradicionales y conservadores. La Batalla Saca Empenho, Mayombe Saca Mpenho, Ensala Mayombe Ngando Sese, Ensala Mayombe Ngando Batalla Congo se encuentran entre las más famosas "Ramas" de esta Regla de Palo. Por lo general las casas Mayombe no están cristianizados.

PALO BRILLUMBA O REGLA BRILLUMBA

La tradición religiosa de Palo Brillumba es en realidad la más común. Que nace de la Regla de Mayombe. Esta regla es sincretista y cristianizada. Tienen varios tipos de "Fundamentos" como Siete Rayos, Zarabanda, Madre de Agua, etc. Sus ngangas contienen nfumbes y energías Mpungu (Dioses Kongo). Los Mpungus se puede considerar en una forma Congo versiones de los orixás. Los Mpungus también son sincretizados con santos católicos. El término Brillumba se deriva de la palabra del Congo "krillumba" que significa "calavera". La Regla de Brillumba utiliza varios tipos de huesos humanos incluidos en la preparación de sus Fundamentos. Muchos Paleros creen que más que una "Regla" en sí mismo, Brillumba es una técnica, una manera de preparar ngangas. También hay otro tipo de regla Billumba, son Ndoki y no cristianizadas. En este camino particular de Brillumba, tambien usan los huesos en la preparación de la nganga. Brillumba es para fines buenos y malos por lo que se llama "Briyumba Ndoki Biyaya Biyaya Sambi". El mito dice que nació en Brillumba "Kunancieto", que significa África. El territorio fue llamado "Consagración" en el Reino del Norte Congo. Esta es la historia de "Briyumba".

PALO KIMBISA O REGLA KIMBISA

La Regla Kimbisa fue casi la primera que se estableció en Cuba por los esclavos Congo. El Kimbisa fueron el Sumo Sacerdote del Reino del Congo. Muchas cosas dentro de esta regla muestran la evidencia de su gran antigüedad, probablemente un descendiente directo de las Sociedades Kimpasi secreto de África. El original de la Regla Kimbisa no fue cristianizada. Durante el siglo XIX en los dos Cabildos de la Iglesia del Santo Cristo del Buen Viaje en La Habana, la Regla de la Orden Kimbisa como Santo Cristo del Buen Viaje fue desarrollado por Tata Andrés Facundo Cristo de los Dolores Petit, fundador de la Regla y de el re-organizador de la Orden Kimbisa. La Orden Kimbisa tiene elementos de todos los credos y religiones de la tierra cubana. Santo Cristo del Buen Viaje es la primera religión cubana y totalmente: Palo Monte Mayombe, Abakuá, la santería, la masonería, espiritismo, vudú, la Iglesia Católica Romana son todas las partes de esta Orden.

JERARQUIA RELIGIOSA DE REGLA DE CONGO

Todas las líneas religiosas de la Regla de Congo siguen una estructura jerárquica religiosa que permite a sus iniciados a alcanzar el rango a través de varias etapas o grados de las iniciaciones. La siguiente es una lista de varios grados en la tradición religiosa Congo.

PRIMER GRADO - ***NGUEYO***

Cuando un iniciado recibe su primer inicio de rayado que se conocen como Ngueyo. La palabra Ngueyo significa "comienzo" o "embarcarse" en un viaje. El nuevo iniciado es también conocido como Pino Nuevo, Guatoko o Muchacho de Prenda.

SEGUNDO GRADO - ***TATA NKISI***

Cuando un iniciado recibe su segundo inicio de rayado se conocen como Tata Nkisi (hombres) o Yaya Nkisi (mujeres). Tanto el Tata Nkisi y la Yaya Nkisi comienzan a crecer espiritualmente con la ayuda de los espíritus Congo, pero dentro de ciertos límites, ya que no están en posesión del punto más central y sagrado de esta religión, la Nganga.

TERCER GRADO - ***TATA NGANGA***

Tata Nganga la palabra (Padre Nganga) o Yaya Nganga (Madre Nganga) se refiere a un iniciado de la tradición religiosa del Congo, que ha recibido su propio personal o Nganga Fundamento para trabajar. El Tata Nganga se considera un sacerdote de grado religiosa plena, porque ellos tienen el derecho de llevar a cabo todas las ceremonias sagradas y rituales de la fe religiosa Congo. El Tata Nganga que posee su propio espíritu Nganga pueden formar sus propio Munanzo o templo religioso Congo. Muchas veces el Tata Nkisi es considerado igual al Padre Nganga, porque en muchos casos, el Tata Nganga recibe su nganga al mismo tiempo, por que en realidad los pasos más importantes son las de Ngueyo y Tata Nkisi.

CUARTO GRADO - ***TATA NDIBILONGO***

Cuando un Nganga Tata comienza a tener hijados y comienzan a iniciar a otras personas en la tradición religiosa del Congo, se conocen como Tata Ndibilongo.

QUINTO GRADO - ***TATA LUWONGO***

Tata Luwongo o Nkisi Muluwanga, significa abuelo (abuelo de prenda) del Fundamento de la nganga. Este es el grado más alto de la estructura religiosa en el Congo Palo Mayombe, Palo Monte y las tradiciones religiosas Kimbisa.

LA CEREMONIA DE INICIACION DEL RAYADO

Este libro fue escrito como un religioso manual para los miembros iniciados de las tradiciones religiosas del Congo Palo Mayombe, Palo Monte y Kimbisa. Al momento de escribir este libro, he tenido la oportunidad de que había iniciado con éxito a muchos individuos en la sagrada tradición religiosa Congo y los misterios de todas partes del mundo. Aunque puede haber algunas diferencias y variaciones de esta ceremonia de iniciación en particular, la estructura religiosa que aquí se presenta de este ritual religioso completa es lo mismo que otros templos Congo en todo el mundo.

Si su ceremonia de iniciación del Rayado no se ha hecho muy similar a la ceremonia de iniciación como se presenta aqui, entonces lo más probable es que no se hizo correctamente y usted debe buscar un experimentado Tata (sacerdote) de la religión Congo para corregirlo. La siguiente ceremonia de iniciación del Rayado es la manera de hacer esta ceremonia muy sagrada delante de Espíritu Congo Zarabanda.

PASO I - *LA CEREMONIA DE ADIVINACIÓN CONGO*

La persona interesada (nuevo iniciado) debe primero consultar con los espíritus Congo con una experiencia de Tata (Congo Priest), utilizando el sistema de adivinación Chamalongo. Esto se puede hacer con el encontrado más comúnmente practicada y sencilla (4) de cáscara de coco método Chamalongo o se puede hacer utilizando el conjunto de conchas preparadas Chamalongo espíritu (16) para determinar si a la persona se le permitirá entrar en ese particular Munanzo . Si los espíritus responden a favor de la persona, el Tata va a determinar cuando la ceremonia se llevará a cabo y lo que el nuevo individuo debe hacer antes de la ceremonia de iniciación del Rayado se lleva a cabo.

PASO II - *UNA OFRENDA ESPIRITUAL A LOS ANTEPASADOS*

El individuo tiene que hacer una ofrenda espiritual a sus propios espíritus antepasados para recibir la autorización para proceder. Esta oferta se coloca en el suelo justo enfrente del Santuario de los antepasados Espíritus Eggun en el templo de Congo que usted está buscando la iniciación. Al traer la ofrenda, el Tata pedirá a los antepasados del templo y de su familia que se presenten en la ceremonia sagrada.

UNA OFRENDA ESPIRITUAL A LOS ESPIRITUS EGGUN

1. PLATO BLANCO
2. UN COCO
3. TRES VELAS DEL HOGAR (BLANCA)
4. UN VASO DE AGUA DULCE
5. UNA BOTELLA DE RON BLANCO
6. LA OFRENDA ESPIRITUAL DE $ 21.00 (DERECHO)
7. UN PAQUETE DE TABACO DE PUROS

A VECES LOS ANTEPASADOS REQUIEREN UNA OFRENDA DE NGRESA (EBO), COMO UN GALLO O UNA GALLINA. LOS ESPÍRITUS TAMBIEN REQUIEREN UNA OFERTA DE COMIDA COCIDA (ADDIMU) COMO EL ARROZ Y FRIJOLES, PAPAS YUCA, INCLUSO CARNE O AVES DE CORRAL COCIDO. DURANTE SU CONSULTA CON EL CHAMALONGO, EL TATA SE DETERMINARA QUE LOS ESPIRITUS ANCESTRALES REQUIEREN PARA PROCEDER CON LA CEREMONIA DE INICIACION RAYADO. ESTA CEREMONIA SE DEBE HACER PARA ASEGURAR EL ÉXITO DE LA INICIACIÓN DE RAYADO.

PASO III

Después de completar el Paso II, la persona puede proceder al Paso III. También me gustaría añadir el comentario de que el (nuevo iniciado) debe completar el ritual Rayado dentro de 21 días si la persona no va a recibir su iniciación Rayado el mismo día de la presentación de la ofrenda a los espíritus Eggun. Si la persona espera más de 21 días desde el momento en que presentan las ofrendas a los espíritus Eggun, puede haber un cambio en el destino espiritual de la persona según lo anunciado por los Chamalongos y ellos tienen que tener que el Tata lea los Chamalongos una vez más a determinar si la alineación espiritual de la persona no ha cambiado desde la última lectura de la adivinación Chamalongo. Cuando el individuo llega al Munanzo para el ritual de iniciación, tienen que traer todos los elementos siguientes:

NUEVA ROPA BLANCA

UN PANUELO BLANCO

UN PLATO BLANCO

UN COCO

(3) VELAS DEL HOGAR (BLANCAS)

UNA BOTELLA GRANDE DE RON BLANCO

UN PAQUETE DE TABACO DE PUROS

UNA NUEVA TOALLA BLANCA

GALLOS NEGROS (2)

LA OFRENDA ESPIRITUAL (DERECHO)

PASO IV - *EL ROMPEMIENTO (PURIFICACION ESPIRITUAL)*

El ritual de purificación espiritual que el individuo primero tiene que hacer por el Tata, o por los demás miembros del templo Congo se llama "rompemiento". La ceremonia de rompemiento es una limpieza espiritual hecho con el humo del cigarro, el ron, el jabón negro y baño líquido omiero de hierbas. La limpieza se lleva a cabo por los sacerdotes presentes por recitar una serie de oraciones del Congo que se cantan a los espíritus lo que espiritualmente descenderán sobre la ceremonia de limpieza para liberar al individuo de cualquier tipo de vibración negativa. La ceremonia de rompemiento normalmente se hace fuera de un área especial del templo Congo. Cuando las oraciones terminan, el individuo tendrá sus ropas cortadas y luego ritualmente arrancadas de sus cuerpos y luego bañado en una mezcla especial de hierbas líquido de baño conocida como omiero. Este omiero es una mezcla de varias hierbas y es un ritual elaborado y por arte de magia cargada de fuerza máxima y la potencia espiritual. El desgarro de la ropa representa la persona dejando atrás su vida pasada atrás y marca una nueva vida espiritual. El individuo debe tener un jabón Negro africano auténtico para utilizar mientras se baña. El templo del Congo es un lugar sagrado santo de Dios y por lo tanto todas las personas que se les permite participar en la ceremonia de iniciación Rayado también debe tomar un baño de omiero espiritual en el hogar antes de llegar al templo para asistir en la ceremonia. Al llegar al Munanzo Congo para ayudar alTata con el proceso de iniciación, debe aprender a dejar sus problemas fuera y lejos del templo. Recuerde que este es un día muy especial para el nuevo iniciado y la concentración de su atención, concentración y espiritual es necesaria para garantizar el éxito espiritual de la Ceremonia de Iniciación del Rayado.

SI USTED ES UN SACERDOTE PALERO INICIANDO A UNA MUJER, POR FAVOR PERMANEZCA ENFOCADO Y EVITE PENSAMIETOS SEXUALES MIENTRAS SE HACE EL ROMPEMIENTO. ABUSO SEXUAL Y LA INMORILIDAD ESTAN ESTRICTAMENTE PROHIBIDO EN TODOS LOS TEMPLOS CONGO EN LA "REGLA DE CONGO".

SI USTED PIENSA QUE USTED TIENE UN PROBLEMA CON LA "REGLA DE CONGO" PIDALE A ALGUIEN QUE TIENE MAS EXPERENCIA HAGA LA CEREMONIA DE LIMPIEZA

RESPETE TODAS LAS PERSONAS EN TODO MOMENTO.

PASO V

Después de que haya terminado de bañarse, se les permitirá a toalla seca y preparada para llevar en la ropa blanca nueva. El nuevo iniciado será entonces con los ojos vendados con el pañuelo blanco y llevó a la zona del Congo templo ritual de iniciación y obligados a arrodillarse sobre una estera de paja y luego se coloca en una posición de cara a la pared hasta el inicio comienza. Este proceso se llama "penetencia". Este es un momento para el iniciado a reflexionar sobre su vida pasada y pensar en lo que están a punto de hacer. Este es también el momento de iniciar la que empezar a centrarse en sus espíritus de los ancestros, sus guías espirituales y los espíritus Congo y también para los espíritus para empezar a rodear el iniciado de comenzar a traer las bendiciones. El nuevo iniciado permanecerá de rodillas hasta la ceremonia de iniciación comienza. Este "penetencia" tiempo suelen durar alrededor de 1 a 3 horas dependiendo de su particular templo del Congo.

Toda la ropa TORNED y corte de la persona debe ser colocada en una bolsa de arpillera implantados y grandes a un lado de la zona del templo por el momento. ESTA BOLSA junto con los cuerpos de los gallos sacrificados y 21 CENTAVOS se deben tomar para un cruce de ferrocarril o de un cementerio y se deja allí AL FINAL DE LA CEREMONIA DE INICIACIÓN DE RAYADO el nuevo iniciado.

PASO VI

Cuando llega el momento de la iniciación del Rayado, el iniciado se lleva a la zona de iniciación, donde el principal nganga espiritual reside y donde la ceremonia se llevará a cabo del Rayado. Rl iniciado se lleva fuera para que el se vuelva a introducir el "CUARTO DE MUERTO" de la sala de espíritu en la forma que se requieran. El nuevo iniciado seguira ciegamente a un miembro del templo de Congo en el área ritual colocando su mano derecha sobre el hombro izquierdo del miembro del templo. El nuevo iniciado será instruido para tocar la puerta del templo "(3) veces" y el miembro del Congo del templo que está ayudando al nuevo iniciado sle diga qué decir. Cuando el nuevo iniciado toca (3) veces la puerta del templo, el Tata detrás de la puerta va a responder diciendo lo siguiente:

(**TATA**): ¿Quién llama a la puerta del templo sagrado del Congo?

(**Nuevo iniciado**): El individuo se indicará el nombre completo de nacimiento.

(**TATA**): El Tata luego va a decir lo siguiente: ¿Qué buscas aquí?

(**Nuevo iniciado**): El nuevo iniciado responde diciendo lo siguiente: busco una nueva vida, busco el espíritu (el nombre de la nagnga espíritu que la persona recibirá en su Rayado) y busco todas las cosas buenas de esta vida. Después de decir esto, el Tata dice lo siguiente:

(**TATA**): "Cuenda" o ENTRA.

Tras el miembro del templo, el iniciado se pone directamente delante de la nganga y se le pide que se arrodillarse. El miembro que dirigió el nuevo iniciado a la zona de iniciación entonces está detrás del Nuevo iniciado con la mano derecha en el hombro derecho del nuevo iniciado. El miembro llevará a cabo una vela blanca que se enciende en la otra mano. El iniciar luego será presentado para sostener la placa blanca que contendrá todas las ofertas en lo que ellos trajeron al templo.

UN PLARO BLANCO, UN COCO, (3) VELAS DEL HOGAR (BLANCAS), UNA BOTELLA GRANDE DE RON BLANCO, UN PAQUETE DE CIGGARROS DE TABACO, UNA "NUEVA" TOALLA BLANCA, (2) GALLOS NEGROS, LA OFRENDA ESPIRITUAL (DERECHO)

(**TATA**): El sacerdote entonces le pedirá al iniciado la siguiente pregunta: (nombre del Nuevo iniciado) ¿Jura usted en su sangre no revelar nunca a nadien lo que va a pasar o ver esta noche?

(**Nuevo iniciado**): El nuevo iniciado responde: Lo juro por mi vida y mi sangre.

(**TATA**): El sacerdote le pregunta al nuevo "iniciado", ¿Qué buscáis?

(**Nuevo iniciado**): El nuevo iniciado responde: Yo he venido aquí buscando una nueva vida y busco los misterios y los secretos de los espíritus Congo y de este Munanzo Congo (el nombre de lo particular Munanzo).

PASO VII

Los miembros del templo luego comenzaran a cantar Mambos tradicionales de la religión Congo.

(LOS MAMBOS CONGO SE CANTAN VARIAS VECES HASTA QUE EMPIECE A SENTIR LA ENERGÍA DE LOS ESPÍRITUS PARA EMPEZAR A DESCENDER SOBRE LA CEREMONIA)

Después de cantar los Mambos Congo luego proceder a **PASO VIII**.

PASO VIII

El Tata en frente del nuevo iniciado y los demás miembros del templo Congo de pie detrás de la persona (Nuevo iniciado). El Tata comenzará a recitar las oraciones siguientes y los demás miembros responderan a las siguientes oraciones. Mientras que el Tata está recitando las oraciones, el Bakunfula que es la mano derecha del Tata y el regulador del templo y todas sus funciones religiosas comienza a golpear ligeramente en sincronía directamente en frente de la Nganga espíritus Congo con las oraciones del Congo "Baston De Muerto ".

(**TATA**): *CON LA LICENCIA DE NZAMBI*

(**MIEMBROS**): *SALA MALEKUN, MALEKUN SALA*

(**TATA**): *CON LA LICENCIA DE EGGUN QUE ESTAN EN LOS PIES DE NZAMBI.*

(**MIEMBROS**): *SALA MALEKUN, MALEKUN SALA*

(**TATA**): *CON LA LICENCIA DE EXU (LUCERO)*

(**MIEMBROS**): *SALA MALEKUN, MALEKUN SALA*

(**TATA**): *CON LA LICENCIA DE LUKANKANSE*

(**MIEMBROS**): *SALA MALEKUN, MALEKUN SALA*

(**TATA**): *CON LA LICENCIA DE KOBAYENDE*

(**MIEMBROS**): SALA MALEKUN, MALEKUN SALA

(**TATA**): *CON LA LICENCIA DE CENTELLE NDOKI*

(**MIEMBROS**): *SALA MALEKUN, MALEKUN SALA*

(**TATA**): *CON LA LICENCIA DE GURUNFINDA*

(**MIEMBROS**): *SALA MALEKUN, MALEKUN SALA*

(**TATA**): *CON LA LICENCIA DE MADRE DE AGUA*

(**MIEMBROS**): *SALA MALEKUN, MALEKUN SALA*

(**TATA**): *CON LA LICENCIA DE MAMA CHOLA*

(**MIEMBROS**): *SALA MALEKUN, MALEKUN SALA*

(**TATA**): *CON LA LICENCIA DE TIEMPO VIEJO*

(**MIEMBROS**): *SALA MALEKUN, MALEKUN SALA*

(**TATA**): *CON LA LICENCIA DE CABO RONDO*

(**MIEMBROS**): *SALA MALEKUN, MALEKUN SALA*

(**TATA**): *CON LA LICENCIA DE SIETE RAYOS*

(**MIEMBROS**): *SALA MALEKUN, MALEKUN SALA*

(**TATA**): *CON LA LICENCIA DE NSAMBA NTALA*

(**MIEMBROS**): *SALA MALEKUN, MALEKUN SALA*

(**TATA**): *SOMOS O NO SOMOS*

(**MIEMBROS**): *SOMOS*

(**TATA**): *SOMOS O NO SOMOS*

(**MIEMBROS**): SOMOS

(**TATA**): *SOMOS O NO SOMOS*

(**MIEMBROS**): *SOMOS*

(**TATA**): *OJO POR OJO*

DIENTE POR DIENTE

PERRO NO COME PERRO

LA MATRACA MATA SU MADRE

SOMOS O NO SOMOS

SOMOS O NO SOMOS

SOMOS O NO SOMOS

ZARABANDA BRILLUMBI NDOKI INFIERNO VIRA MUNDO

ZARABANDA BRILLUMBI NDOKI INFIERNO VIRA MUNDO

ZARABANDA BRILLUMBI NDOKI INFIERNO VIRA MUNDO

ZARABANDA BRILLUMBI NDOKI INFIERNO VIRA MUNDO

ZARABANDA BRILLUMBI NDOKI INFIERNO VIRA MUNDO

ZARABANDA BRILLUMBI NDOKI INFIERNO VIRA MUNDO

ZARABANDA BRILLUMBI NDOKI INFIERNO VIRA MUNDO

ZARABANDA BRILLUMBI NDOKI INFIERNO VIRA MUNDO

ZARABANDA BRILLUMBI NDOKI INFIERNO VIRA MUNDO

QUIEN ES EL MAS GRANDE DEL MUNDO? NZAMBI

QUIEN ES EL MAS GRANDE DEL MUNDO? NZAMBI

QUIEN ES EL MAS GRANDE DEL MUNDO? NZAMBI

QUIEN ERES TU? ZARABANDA

QUIEN ERES TU? ZARABANDA

QUIEN ERES TU? ZARABANDA

Después de decir esta oración del ceremonia con el Tata, diga las palabras siguientes y luego pidale al nuevo iniciado las siguintes preguntas:

(**TATA**): Usted está aquí en este templo sagrado y este lugar sagrado.

1. ¿Aún desea continuar con esta ceremonia?

2. ¿Jura usted en su sangre no revelar nada acerca de esta ceremonia a nadie? - Si el nuevo iniciado responde sí, entonces sigue el ritual de iniciación -

PASO IX

DESPUÉS QUE LOS MIEMBROS HAN TERMINADO RECITANDO LAS ORACIONES, CADA MIEMBRO SE PONE EN FRENTE DE LA NGANGA Y USO DE PEMBA / TIZO" CADA UNO DIBUJARA DIRECTAMENTE EN EL SUELO EN FRENTE DE LA NGANGA LA FIRMA DEL ESPIRITU CONGO (FIRMA) QUE CADA UNO DE ELLOS RECIBIDIO DESPUÉS DE SU SEGUNDA CEREMONIA DEL RAYADO. LA FIRMA ESPIRITUALES ES DIFERENTE PARA CADA MIEMBRO DEL MUNANZO. ES SOLO POR DIBUJANDO LA FIRMA SECRETA EN EL PISO, DIRECTAMENTE EN FRENTE DE LA NGANGA QUE LOS ESPIRITUS CONGO RECONECERA LA IDENTIDAD SECRETA ESPIRITUAL DE CADA MIEMBRO QUE ESTE PRESENTE EN LA CREMONIA DE INICIACION. DESPUES QUE LA CEREMONIA ACABE, ESTAS FIRMAS SECRETAS SERAN BORRADAS CON RON O CHAMBA.

PASO X

El Tata tendrá la botella de Chamba y soplar directamente sobre la nganga y el nuevo iniciado (3 veces). Después de esto, el Tata va a encender un cigarro y soplar el humo directamente sobre la nganga y el nuevo iniciado. Después de esto, el Tata y el Bakunfula limpiaran el nuevo iniciado con uno de los gallos vivos y luego lo sacrificaran en la nganga y permitiran que la sangre se vierta en la Nganga permitiendo que el Espíritu "Nkisi" alimente y hagare poder y fuerza antes de proceder al siguiente paso. Después de que el gallo se sacrifica, se coloca en la bolsa de arpillera, junto con la ropa del iniciado cortada de la ceremonia de limpieza rompemiento.

PASO XI - *LA PRESENTACIÓN*

En el acto de presentación, al individuo se le presenta varios objetos sagrados de la Nganga y el Espíritu del Congo. El nuevo iniciado, una vez más va jurar por la sangre con cada uno de los elementos que se les presentan. Antes de que el Tata y Bakunfula le presente los elementos sagrados, el iniciado se formulara las siguientes preguntas y jurara por la sangre a cada una de estas preguntas.

(**TATA**): *(Diga el nombre del nuevo iniciado) - ¿Jura usted en su vida y en su sangre a respetar siempre su padrino?*

(**Nuevo iniciado**): *SI*

(**TATA**): *(Diga el nombre del nuevo iniciado) - ¿Jura usted en su vida y en su sangre para ser leal y el respeto a su Munanzo Congo?*

(**Nuevo iniciado**): *SI*

(**TATA**): *(Diga el nombre del nuevo iniciado) - ¿Jura usted en su vida y en su sangre no revelar ningún secreto de los misterios sagrados de este Munanzo Congo?*

(**Nuevo iniciado**): *SI*

(**TATA**): *(Diga el nombre del nuevo iniciado) - ¿Jura usted en su vida y en su sangre para ser un buen hombre?*

(**Nuevo iniciado**): *SI*

(**TATA**): *(Diga el nombre del nuevo iniciado) - ¿Jura usted en su vida y en su sangre para ser un buen y fiel ahijado?*

(**Nuevo iniciado**): *SI*

(**TATA**): *(Diga el nombre del nuevo iniciado) - ¿Jura usted en su vida y en su sangre para ser un buen hermano Congo?*

(**Nuevo iniciado**): *SI*

(**TATA**): *(Diga el nombre del nuevo iniciado) - ¿Jura usted en su vida y en su sangre para ser un buen marido para su esposa?*

(**Nuevo iniciado**): *SI*

(**TATA**): *(Diga el nombre del nuevo iniciado) - ¿Jura usted en su vida y en su sangre para ser un buen padre?*

(**Nuevo iniciado**): SI

(**TATA**): *(Diga el nombre del nuevo iniciado) - ¿Jura usted en su vida y en su sangre para mantener los secretos de este Munanzo Congo secreto y defender su honor de nuestra tradición Congo?*

(**Nuevo iniciado**): *SI*

(**TATA**): *(Diga el nombre del nuevo iniciado) - ¿Jura usted en su vida y en su sangre para defender este templo con su vida?*

(**Nuevo iniciado**): *SI*

(**TATA**): *(Diga el nombre del nuevo iniciado) - ¿Jura usted en su vida y en su sangre que no se arrepentirá de lo que se va a hacer en este inicio de la mañana?*

(**Nuevo iniciado**): *SI*

El Tata tomará los siguientes elementos y se lo presentara a la persona en el siguiente orden: EL ESPÍRITU DEL CONGO

LUCERO, UN PALO, UNA PIEZA OFTIZO (TIZA), LA CANA BRAVA, LA MPAKA DE LA NGANGA DEL ESPÍRITU Y POR ULTIMO UN HUESO HUMANO DE LA NGANGA DEL ESPÍRITU.

(El Tata y el Bakunfula presentarán los objetos sagrados directamente en todas las áreas y los puntos donde el nuevo iniciado será "rayado").

A medida que el Tata acaba de presentar cada uno de los objetos sagrados, los miembros cantaran un mambo de cada uno de los objetos rituales sagrados.

1. Coloque el "CONGO ESPÍRITU LUCERO" en las manos del nuevo iniciado que está arrodillado y ciego todavía y diga lo siguiente:

(**TATA**): *¿Qué tienes en tus manos?*

(**Nuevo iniciado**): *El nuevo iniciado dirá: No sé.*

(**TATA**): *Este es el Espíritu Lucero, El Guardián de las encrucijadas y el encargado de la puerta divina. Es a través del Espíritu Lucero que se haya podido estar aquí esta noche y presente. Es el Espíritu Lucero el que lo ha traído aquí esta noche al Munanzo. Es a través del Espíritu Lucero que su destino comienza y termina. Es a través del Espíritu Lucero que toda la magia comienza y termina. Es a través del Espíritu Lucero que su nueva vida comienza esta noche en este templo en este mismo santo y sagrado de todos los lugares. Que el Espíritu Lucero le de luz en su caminos en la oscuridad de modo que usted nunca perderá su camino a casa. Que el Espíritu Lucero guiar y protege a usted para que usted siempre tendrá un techo sobre su cabeza. Que el Espíritu Lucero siempre le de comida en su mesa. Que el Espíritu Lucero siempre establece que tenga dinero en sus bolsillos. Que el Espíritu Lucero siempre le de una buena salud. Que el Espíritu Lucero siempre te dará la victoria* *sobre todos sus enemigos conocidos y desconocidos. Que el Espíritu Lucero desterrar toda tragedia en su camino. Que el Espíritu Lucero no le permite ser arrestado. Que el Espíritu Lucero no le permite ser colocados detrás de las rejas. Que el Espíritu Lucero no le permite colocarse delante de un juez o un jurado en contra de usted. Que el Espíritu Lucero le dará la capacidad de ser siempre capaz de saltar por encima de todos los obstáculos en su vida, como el venado que salta por encima de sus obstáculos.*

(**TATA**): *¿Jura usted en su vida y en su sangre esta noche al Lucero Espíritu?*

(**Nuevo iniciado**): *Sí, lo juro*

(**TATA**): *Dígale al nuevo iniciado que bese el Espíritu Lucero, (3) veces.*

(**TATA**): *Presente el Lucero Espíritu al nuevo iniciado (frente, ambas manos, ambos hombros, la parte de atrás del cuello y el posterior de las piernas) mientras canta el siguiente Mambo:*

(**TATA** y los miembros del templo): *Juran Lucero, Juran Lucero Yo, Juran Lucero, Juran Lucero Yo, Juran Lucero, Juran Lucero Yo, Juran Lucero, Juran Lucero Yo, Juran Lucero, Juran Lucero Yo, Juran Lucero, Juran Lucero Yo.*

2. Ponga el "palo" en las manos del nuevo iniciado que está arrodillado con los ojos bendados y diga lo siguiente:

(**TATA**): *¿Qué tienes en tus manos?*

(**Nuevo iniciado**): *El nuevo iniciado dirá: No sé.*

(**TATA**): *Este es el sagrado "Finda". Finda es la hierba en el Congo. También se le llama "palo". "Finda" se coloca aquí* *en esta tierra por Nzambi (Dios) para reparar y hacer funcionar la magia. Este elemento sagrado tiene un espíritu asociado con él. Las hierbas son sagradas para los espíritus Congo. Todos los Finda contiene un poder único de los suyos. Cada uno de los espíritus son representados aquí esta noche tienen su propia y única "Finda" lo que es sagrado sólo para ellos. Al invocar los poderes mágicos de la Finda, no hay nada que usted no puede hacer. Este "Finda" es redondo. Es redondo porque simboliza que debido a que es redondo puede rodar. Así como este "Finda", o "palo" puede rodar lo que será mediante la recepción de esta ceremonia sagrada que también es capaz de rodar a todos tus enemigos y los obstáculos en su vida.*

(**TATA**): *¿Jura usted en su vida y en su sangre esta noche en este palo y con este sagrada Finda?*

(**Nuevo iniciado**): *Sí, lo juro*

(**TATA**): *Dígale al nuevo iniciado que bese el "palo", (3) veces.*

(**TATA**): Presente el "Palo" al nuevo iniciado (frente, las manos, los hombros, la parte de atrás del cuello y tanto posterior de las piernas) mientras canta el siguiente Mambo:

(**TATA** y los miembros del templo): *Juran Palo, Juran Palo Yo, Juran Palo, Juran Palo Yo, Juran Finda, Juran Finda Yo, Juran Finda, Juran Finda Yo, Juran Palo, Juran Palo Yo, Juran Palo, Juran Palo Yo.*

3. Ponga el "TIZO" (Tiza Blanca / Pemba) en las manos del nuevo iniciado que está arrodillado con los ojos bendados y diga lo siguiente:

(**TATA**): *¿Qué tienes en tus manos?*

(**Nuevo iniciado**): *El nuevo iniciado dirá: No sé.*

(**TATA**): *Este es el sagrado "TIZO". Tizo es un poderoso espíritu. Tizo es sagrado para los espíritus Congo, porque sin ella no puede escribir sus nombres o saber nuestros nombres. Tizo se utiliza para dibujar las firmas de los espíritus que cuando se dibuja adelante de la nganga invoca magia y nueva vida. El color de Tizo es de color blanco. El blanco representa la pureza y la luz. El blanco representa los huesos de los espíritus que están haciendo un pacto aquí esta noche.*

(**TATA**): *¿Jura usted en su vida y en su sangre esta noche con el espíritu de este Tizo?*

(**Nuevo iniciado**): *Sí, lo juro*

(**TATA**): *Dígale al nuevo iniciado que bese el "tizo", (3) veces.*

(**TATA**): *Presente el "tizo" a los nuevos iniciados (frente, las manos, los hombros, la parte de atrás del cuello y tanto posterior de las piernas) mientras canta el siguiente Mambo:*

(**TATA y los miembros del templo**): *Juran Tizo, Juran Tizo Yo, Juran Tizo, Juran Tizo, Yo, Juran Tizo, Juran Tizo Yo, Juran Tizo, Juran Tizo Yo, Juran Tizo, Juran Tizo Yo, Juran Tizo, Juran Tizo Yo.*

4. Ponga la "Caña Brava" en la manos del nuevo iniciado que está arrodillado con los ojos bendados y diga lo siguiente:

(**TATA**): *¿Qué tienes en tus manos?*

(**Nuevo iniciado**): *El nuevo iniciado dirá: No sé.*

(**TATA**): *Este la sagrada "Caña Brava". Cana Brava es un poderoso espíritu. Cana Brava es sagrada para los espíritus Congo, ya que es el termómetro espiritual de la Nganga. Sin ella los espíritus Congo sería desequilibrado del mismo modo que sería desequilibrada, sin los espíritus Congo. Dentro de la caña brava que contiene todos los elementos para enfriar los espíritus Congo al igual que los espíritus Congo contiene todos los elementos que se necesita en esta vida para mantener la calma y equilibrada.*

(**TATA**): *¿Jura usted en su vida y en su sangre esta noche con el espíritu de esta caña brava?*

(**Nuevo iniciado**): *Sí, lo juro*

(**TATA**): *Dígale al nuevo iniciado que bese la "Caña Brava", (3) veces.*

(**TATA**): Presente la "Caña Brava" al nuevo iniciado (frente, las manos, los hombros, la parte de atrás del cuello y tanto posterior de las piernas) mientras canta el siguiente Mambo:

(**TATA y los miembros del templo**): *Juran Cana Brava, Juran Cana Brava Yo, Juran Cana Brava, Juran Cana Brava Yo, Juran Cana Brava, Juran Cana Brava Yo, Juran Cana Brava, Juran Cana Brava Yo, Juran Cana Brava, Juran Cana Brava Yo, Juran Cana Brava, Juran Cana Brava Yo.*

5. Ponga la "Mpaka" en las manos del nuevo iniciado que está arrodillado con los ojos bendados todavía y diga lo siguiente:

(**TATA**): *¿Qué tienes en tus manos?*

(**Nuevo iniciado**): *El nuevo iniciado dirá: No sé.*

(**TATA**): *Este es la sagrada "Mpaka". La Mpaka contiene un poderoso espíritu. La Mpaka contiene todos los elementos espirituales que existen y se encuentran dentro de la naturaleza que dan vida a los Espíritus. Es a través de la Mpaka que los espíritus Congo puedne manifestar en nuestro mundo. Es a través de la Mpaka que los espíritus pueden ver, oír y oler a usted. La Mpaka también se llama "Vititi Mensu", el ojo espíritu que todo lo ve porque tiene un espejo en sus ojos. A través de la Mensu Vititi, el ojo reflejado, los espíritus pueden revocar todos los males y desterrar todos los males que nuestros enemigos pueden enviar en nuestro camino. La Mpaka sagrada contiene todos los sagrados misterios de nuestra fe en él y por lo tanto a través de la Mpaka los espíritus pueden nacer y dar nueva vida al igual que están naciendo aquí esta noche a una nueva vida. Una nueva vida protegido por el ojo todopoderoso de la Mensu Vititi, Mpaka.*

(**TATA**): *¿Jura usted en su vida y en su sangre esta noche con el espíritu de esta Mpaka?*

(**Nuevo iniciado**): *Sí, lo juro*

(**TATA**): *Dígale al nuevo iniciado que bese la "Mpaka", (3) veces.*

(**TATA**): Presentar la "Mpaka" a los nuevos iniciados (frente, las manos, los hombros, la parte de atrás del cuello y tanto posterior de las piernas) mientras canta el siguiente Mambo:

(**TATA y los miembros del templo**): *Juran Mpaka, Juran Mpaka Yo, Juran Mpaka, Juran Mpaka Yo, Juran Mpaka, Juran Mpaka Yo, Juran Mpaka, Juran Mpaka Yo,Juran Mpaka, Juran Mpaka Yo.*

6. Ponga la "tibia" en las manos del nuevo iniciado que está arrodillado con los ojos bendados y diga lo siguiente:

(**TATA**): *¿Qué tienes en tus manos?*

(**Nuevo iniciado**): *El nuevo iniciado dirá: No sé.*

(**TATA**): *Este es el sagrado "HUESO". Hueso es un poderoso espíritu. HUESO es sagrado para los espíritus Congo, ya que representa la fuerza, la vitalidad y la nueva vida. Sin el Hueso los espíritus no podía caminar del mismo modo que no sería capaz de caminar sin los espíritus Congo. Es a través de Hueso que los espíritus Congo lo protegerán.*

(**TATA**): *¿Jura usted en su vida y en su sangre esta noche con el espíritu de este HUESO?*

(**Nuevo iniciado**): *Sí, lo juro*

(**TATA**): *Dígale al nuevo iniciado que bese el "HUESO", (3) veces y luego morder en ella (3) veces.*

(**TATA**): *Presente el "HUESO" al nuevo iniciado (frente, las manos, los hombros, la parte de atrás del cuello y tanto posterior de las piernas) mientras canta el siguiente Mambo:*

(**TATA y los miembros del templo**): *Juran Hueso, Juran Hueso Yo, Juran Hueso, Juran Hueso Yo, Juran Hueso, Juran Hueso Yo, Juran Hueso, Juran Hueso Yo, Juran Hueso, Juran Hueso Yo, Juran Hueso, Juran Hueso Yo.*

7. Ponga el "Mbele" en las manos del nuevo iniciado que está arrodillado con los ojos bendados y diga lo siguiente:

(**TATA**): *¿Qué tienes en tus manos?*

(**Nuevo iniciado**): *El nuevo iniciado dirá: No sé.*

(**TATA**): *Este es el sagrado "Mbele". El Mbele es un poderoso espíritu. El Mbele es el machete sagrado de los espíritus Congo. El Mbele representa la ley y el orden. El Mbele se utiliza para castigar a los enemigos de los espíritus Congo tal y como te va a castigar si alguna vez le faltas el respeto a tu templo, le faltas el respeto a tu Tata o le faltas el respeto a los demás miembros de este templo. El Mbele se utiliza para reducir todas las cosas negativas y no deseadas en el camino de los espíritus al igual que se corta y por todos sus enemigos y obstáculos negativos en su vida.*

(**TATA**): *¿Jura usted en su vida y en su sangre esta noche con el espíritu de este Mbele?*

(**Nuevo iniciado**): *Sí, lo juro*

(**TATA**): *Dígale al nuevo iniciado que bese el "Mbele", (3) veces.*

(**TATA**): *Presente el "Mbele" al nuevo iniciado (frente, ambas manos, ambos hombros, la parte de atrás del cuello y tanto posterior de las piernas) mientras canta el siguiente Mambo:*

(**TATA y los miembros del templo**): *Juran Mbele, Juran Mbele Yo, Juran Mbele, Juran Mbele Yo, Juran Mbele, Juran Mbele Yo, Juran Mbele, Juran Mbele Yo, Juran Mbele, Juran Mbele Yo, Juran Mbele, Juran Mbele Yo.*

PASO XII

Después de la ceremonia de presentación, darle al nuevo iniciado (3) tabletas YAMBUZO para tragar uno por uno en el momento en la boca y un vaso de omiero a partir de 21 hierbas para beber. Después se tragan todos los comprimidos (3) YAMBUZO y beber todos elOmiero, a continuación, darle al nuevo iniciado (3) tapones de Chamba para beber.

SI AL NUEVO INICIADO HA SIDO VICTIMA DE ALGUN ATAQUE BRUJERÍA EN EL PASADO EL INDIVIDUO AUTOMATICAMENTE COMENZARA A VOMITAR. POR FAVOR TENGA UNA BOLSA DE PLASTICO PRESENTE PARA COLOCARLO EN. SI EL INDIVIDUO VOMITA LA BRUJERIA DENTRO DE LA BOLSA, PONGALA JUNTO CON LA BOLSA QUE CONTIENE LA ROPA CORTADA DEL ROMPEMIENTO DEL NUEVO INICIADO Y EL CUERPO DEL GALLO. ES SOLO POR TOMANDO LAS TABLETAS YAMBUZO Y BEBER OMIERO CHAMBA Y QUE UN INDIVIDUO PUEDE REALMENTE DESCHARSE DE CUALQUIER BRUJERIA QUE HA ESTADO CAUSANDO DAÑO A ELLOS EN EL PASADO O PRESENTE.

PASO XIII

El Tata luego soplara chamba y ron directamente sobre el cuerpo entero del nuevo iniciado y una vez más soplara el humo del cigarro en todo el cuerpo y otras áreas que la persona recibirá el Rayado "cortes". Usando una hoja de afeitar nueva, el Tata se reducirá algunos de los nuevos cabellos del iniciado y se envuelve en la hoja de maíz y se envuelve con hilo. Este paquete especial se coloca dentro de la nganga del espíritu que el nuevo iniciado hace el pacto con el cambio de la protección de los espíritus. La creencia y la teoría detrás de esto es que si el espíritu tiene algo de ustedes sabrán quién es usted por su olor único. Es a través del olfato que los espíritus son capaces de localizarnos porque los espíritus no se puede ver como lo hacemos nosotros y sólo puede ver las sombras como un ciego. El Tata le dice al Nuevo iniciado lo siguiente:

(**TATA**): *(Diga el nombre del nuevo iniciado), usted ha venido aquí buscando la protección de los espíritus.*

(Diga el nombre de la nueva marcha), Que siempre tenga un techo sobre su cabeza. Sala Malekun, Malekun Sala.

Que siempre tenga comida en su mesa. Sala Malekun, Malekun Sala.

(Diga el nombre del nuevo iniciado), Que siempre tenga dinero en sus bolsillos. Sala Malekun, Malekun Sala.

(Diga el nombre del nuevo iniciado), Que siempre tenga buena salud. Que siempre tiene posesiones materiales y la riqueza. Sala Malekun, Malekun Sala.

(Diga el nombre de la nueva marcha), Que nunca seáis acusado por su enemies.Sala Malekun, Malekun Sala.

(Diga el nombre de la nueva marcha), Que nunca seáis detenido. Sala Malekun, Malekun Sala.

(Diga el nombre del nuevo iniciado), Que nunca seáis colocado detrás de las rejas en la cárcel. Sala Malekun, Malekun Sala.

(Diga el nombre de la nueva marcha), Que nunca estés en frente de un juez en contra de usted. Sala Malekun, Malekun Sala.

(Diga el nombre del nuevo iniciado), Que siempre tengas la victoria sobre todos sus enemigos conocidos y desconocidos. Sala Malekun, Malekun Sala.

(Diga el nombre de la nueva marcha), Que siempre los espíritus le den luz en la oscuridad. Sala Malekun, Malekun Sala.

(Diga el nombre del nuevo iniciado), Que nunca haiga alguna tragedia en su camino. Sala Malekun, Malekun Sala.

(Diga el nombre del nuevo iniciado), Que la muerte nunca puede estar en su camino. Sala Malekun, Malekun Sala.

(Diga el nombre del nuevo iniciado), Que la enfermedad nunca puede estar en su camino. Sala Malekun, Malekun Sala.

(Diga el nombre del nuevo iniciado), Que nunca lo dispararían. Sala Malekun, Malekun Sala.

(Diga el nombre de la nueva marcha), Que nunca seáis apuñalado. Sala Malekun, Malekun Sala.

(Diga el nombre del nuevo iniciado), Que siempre evitas el espíritu de la muerte. Sala Malekun, Malekun Sala.

(Diga el nombre del nuevo iniciado), Que la sangre que se derrama hoy de su cuerpo sea la única sangre que derrama su cuerpo. Sala Malekun, Malekun Sala.

(Diga el nombre del nuevo iniciado), Que sea mejor que su sangre derrame esta noche frente de los espíritus Congo que derrame en las calles por alguna tragedia o accidente. Sala Malekun, Malekun Sala.

(Diga el nombre del nuevo iniciado), Que esta sea la única sangre que derrames de su cuerpo.Sala Malekun, Malekun Sala.

(Diga el nombre de la nueva marcha), Que su sangre le de nueva vida a los espíritus como ellos prometen que le darán una nueva vida a usted.Sala Malekun, Malekun Sala.

(Diga el nombre de la nueva marcha), Que los espíritus le dan la capacidad como el venado de saltar sobre sus enemigos.Sala Malekun, Malekun Sala.

(Diga el nombre del nuevo iniciado), Que sus enemigos no puedan ver ni oír esta ceremonia aquí esta noche.Sala Malekun, Malekun Sala.

PASO XIV

Usando una hoja de afeitar nueva, el Tata continuara en haciendo la ceremonia de iniciación del Rayado por cortando la piel del nuevo iniciado. A medida que el Tata hace los cortes en la piel del nuevo iniciado, el Bakunfula frotara el polvo especialmente preparado llamado "Polvo De Muerto" directamente en las cortes del nueva iniciado. A medida que el Bakunfula o el Tata frotara el polvo en las cortes del nuevo iniciado, la cera de la vela blanca que se encendió en el comienzo de la ceremonia se vierte directamente en la parte superior de las áreas donde se realizó el rayado.

EL RAYADO "CORTES" SE REALIZAN EN TODOS LOS LUGARES SIGUINTES EN EL CUERPO DEL INICIADO: (AMBOS LADOS DE LA PARTE SUPERIOR DEL TORSO, EN AMBAS MANOS, EN AMBOS LADOS DE ATRAS DEL TORSO, DETRAS DE AMBAS PIERNAS) LAS MARCAS DEL RAYADO SIEMPRE SE CORTAN EN UNA SERIE DE (3) LINEAS RECTAS EN EL LADO IZQUIERDO DEL CUERPO. LAS MARCAS DEL RAYADO SERÁ SIEMPRE EN FORMA DE UNA CRUZ EN EL LADO DERECHO DEL CUERPO.

POR FAVOR VER EL DIAGRAMA DEL RAYADO AL FINAL DE ESTE LIBRO PARA VER LAS ÁREAS DONDE UN INDIVIDIO RECIBARA LAS MARCAS DEL RAYADO.

ESTE ES EL CAMINO CORRECTO PARA HACER EL RITUAL Y PRESENTAR LAS MARCAS DEL RAYADO. LAS MARCAS DEL RAYADO "CORTES" NO DEBEN SER MAS DE 1 PULGADA DE LONGITUD. SI LA CEREMONIA DEL RAYADO SE HACE CORRECTAMENTE, LAS MARCAS GENERALMENTE SANAN ANTES DE LA MAÑANA SIGUIENTE O ANTES DE 24 HORAS DESPUÉS DE LA CEREMONIA DEL RAYADO .

PASO XV

CUANDO LAS CORTADAS HAN SIDO COMPLENTAMENTE SELLADOS CON LA CERA DE LAS VELAS BLANCAS, EL TATA ESPIRITUALMENTE SELLA CADA UNA DE LAS ÁREAS DEL RAYADO PRESIONANDO EL ESPEJO DE LA MPAKA CONTRA LAS AREAS RECIEN CORTADAS. DESPUES EL TATA LE DIRA AL NUEVO INICIADO PARA ABRIR SU BOCA. CUANDO EL NUEVO INICIADO ABRE LA BOCA, LA LLAMA SE EXTINGUE DIRECTAMENTE EN LA LENGUA DEL NUEVA INICIADO.

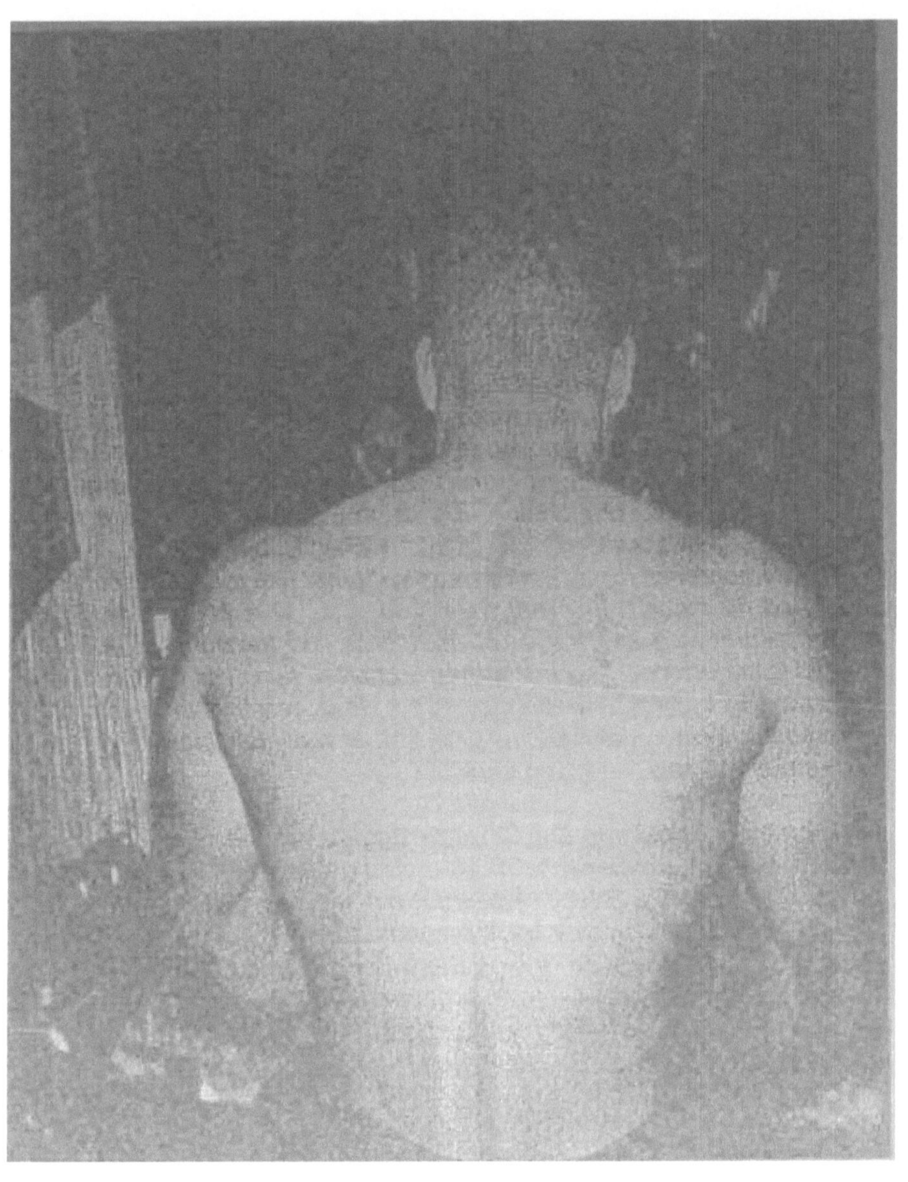

Un nuevo iniciado recibiendo la iniciación del Rayado.

PASO XVI

EL TATA O BAKUNFULA EL ENTONCES LIMPIARA AL INICIADO OTRA VEZ CON EL SEGUNDO GALLO JUNTO CON TODOS LOS MIEMBROS QUE HAY PRESENTE. CUANDO CADA UNO HA SIDO LIMPIADO CON ELGALLO, ENTONCES SERA SACRAFICADO Y DEJA QUE LA SANGRE ESCURRIR DIRECTAMENTE SOBRE LUCERO Y LUEGO EN LA NGANGA Y SOBRE LAS CUENTAS DEL ESPÍRITU QUE LE VA A DAR AL NUEVO INICIADO.

CÓMO ALIMENTAR RITUALMENTE A LOS ESPIRITUS

LO SIGUIENTE ES COMO SACRIFICAR CORRECTAMENTE UN GALLO / GALLINA EN CUALQUIER RITUAL DEL CONGO.

EL TATA PRIMERO TENDRA QUE EL BAKUNFULA MANTENGA EL GALLO BIEN POR SUS PIERNAS Y SU CUERPO. EL TATA ENTONCES SOPLAR RON SOBRE EL GALLO Y LUEGO SOPLAR HUMO DE CIGARRO PARA SANTIFICAR ELESPÍRITU DEL GALLO. EL TATA COLOCARA EL MBELE EN EL CUELLO DEL GALLO Y LUEGO DICEN LO SIGUIENTE ANTES DE RITUALMENTE SACRAFICAN EL GALLO PARA ALIMENTAR A LOS ESPÍRITUS DEL CONGO.

(TATA): (APUNTANDO EL CUCHILLO EN LA GARGANTA DEL GALLO ANTES DEL SACRAFICIO A LOS ESPIRITUS CONGO DICEN:

(**TATA**): *"PUNTA"*

(**TATA Y MIEMBROS DE CONGO**): *MENGA*

EL TATA ENTONCES CORTA LA GARGANTA DEL GALLO Y CUANDO LA SANGRE COMIENZA A GOTEAR LO SIGUINTE SE DICE:

(**TATA**): *MENGA QUE VA A CORRER.*

(**TATA Y MIEMBROS DE CONGO**): *COMO CORRE, COMO CORRE.*

(**TATA**): *MENGA QUE VA A CORRER*

(**TATA Y MIEMBROS DE CONGO**): *COMO CORRE, COMO CORRE*

(**TATA**): **MENGA QUE VA A CORRER**

(**TATA Y MIEMBROS DE CONGO**): *COMO CORRE, COMO CORRE*

(**TATA**): *MBELE ESTA COMIENDO*

(**TATA Y MIEMBROS DE CONGO**): *COMO CORRE, COMO CORRE*

(**TATA**): *MBELE ESTA COMIENDO*

(**TATA Y MIEMBROS DE CONGO**): *COMO CORRE, COMO CORRE*

(**TATA**): *LUCERITO ESTA COMIENDO*

(**TATA Y MIEMBROS DE CONGO**): *COMO CORRE, COMO CORRE*

(**TATA**): **LUCERITO ESTA COMIENDO**

(**TATA Y MIEMBROS DE CONGO**): *COMO CORRE, COMO CORRE*

(**TATA**): *(DIGA EL NOMBRE DEL ESPIRITU NGANGA) ESTA COMIENDO*

(**TATA Y MIEMBROS DE CONGO**): *COMO CORRE, COMO CORRE*

(**TATA**): *(LUCERITO) ESTA COMIENDO*

(**TATA Y MIEMBROS DE CONGO**): *COMO CORRE, COMO CORRE*

(**TATA**): *LUCERITO ESTA COMIENDO*

(**TATA Y MIEMBROS DE CONGO**): **COMO CORRE, COMO CORRE**

(**TATA**): *MENGA QUE VA A CORRER*

(**TATA Y MIEMBROS DE CONGO**): *COMO CORRE, COMO CORRE*

(**TATA**): *MENGA QUE VA A CORRER*

(**TATA Y MIEMBROS DE CONGO**): *COMO CORRE, COMO CORRE*

EL TATA ENTONCES LIMPIA EL MBELE CON EL RON Y DEJA QUE GOTEE EN LA NGANGA. DESPUES DE ESTO EL TATA ENTONCES SOPLAR RON Y CIGARO EN EL ESPÍRITU LUCERO Y EL ESPÍRITU NGANGA.

PASO XVII

El Tata y Bakunfula la tomarán el cráneo humano (KIYUMBA) de la nganga, un vaso de agua y una vela blanca y mantenerla en su cara frontal del nuevo iniciado. La vela blanca encendida se llevará a cabo tras el cristal de agua fresca con un crucifijo dentro y detrás de estos artículos el Kiyumba (cráneo), cuando los ojos vendados se retiran del nuevo iniciado el Tata le dirá a la persona siguiente:

(**TATA**): *Dime lo que ves?*

(**Nuevo iniciado**): *El nuevo iniciado responderá con lo que el cree que ven.*

(**TATA**): *El crucifijo en el agua representa Nzambi (Dios) y el agua a su alrededor representa la protección, la pureza y un camino espiritual limpio, la vela representa la luz de protección que los espíritus le dará en el mundo de las tinieblas, y representa el cráneo de los espíritus Congo que han hecho un pacto con la iniciación.*

(**TATA**): *Que los espíritus Congo le den luz también y nueva vida y todas las cosas buenas que la vida y el destino tiene para ti.*

PASO XVIII

El Nuevo iniciado se pone boca abajo en el suelo justo delante de la nganga. Cuando se están poniendo boca abajo, cada miembro utilizará el sagrado ritual Mbele "machete" y pulsa el nuevo iniciado con el lado plano del machete (21) veces cada uno. Despues se le dice al nuevo iniciado que se desobedecen a los "Espíritus CONGO", el "Tata", el "BAKUNFULA", o otro "MIEMBROS DEL TEMPLO", o "REGLAS DE CONGO" de su Congo Munanzo que se están iniciando en que van a ser castigados de esta misma manera frente a los espíritus por el TATA y por el BAKUNFULA.

CUANDO UN INDIVIDUO SE CONVIERTE EN UN MIEMBRO DEL MUNANZO CONGO ESTAN DE ACUERDO EN SER CASTIGADO Y DISCIPLINADO FRENTE DE LOS ESPÍRITUS DEL CONGO POR EL TATA O EL BAKUNFULA POR VIOLANDO ALGUNA DE LOS JURAMENTOS SAGRADOS, REGLAS Y NORMAS DEL MUNANZO CONGO.

SI USTED ES UNA PERSONA QUE NO LE GUSTA ESCUCHAR O OBEDECER LAS REGLAS ENTONCES EL MUNANZO CONGO NO ES PARA USTED. SERA MEJOR QUE PENSIE ANTES DE SER INICIADO USTED.

PASO XIX

El nuevo iniciado entonces se levantó del suelo por el Tata y Bakunfula y muestra cómo saludar alTata y a los demás miembros del Templo Congo. Este saludo especial se hace cada vez que vea a saludar a su Tata o cualquier otro miembro de su templo Congo.

Este saludo muy especial que incluye un apretón de manos secret puede variar de templo a templo. El apretón de manos secreto es cómo va a ser capaz de identificar otras personas que han sido iniciados en los misterios congo de su particular templo del congo.

PASO XX

El nuevo iniciado luego ira con los demás miembros del Munanzo Congo a disponer de la bolsa de artículos que contienen los gallos muertos, la ropa cortada del Nuevo iniciado y cualquier otra cosa que los espíritus Congo instruir a los miembros para poner en la bolsa.

Después de deshacerse de la bolsa, el nuevo iniciado volverá al Munanzo Congo donde se va a dormir delante de la nganga toda la noche en una estera de paja.

Después de que el nuevo iniciado se despierta por la mañana se volverá a tomar un baño con la misma mezcla de hierbas omiero que utilizo para el inicio Rayado. Este baño debe ser tomado por los iniciados en sus casas respetado durante tres días consecutivos.

La mayoría de los templos Congo requieren que todos los nuevos iniciados duermen delante de la nganga durante tres noches consecutivas para que los espíritus pueden empezar a conocer y ayudar al nuevo iniciado para resolver cualquier problema que puedan tener en su camino. Durmiendo en frente de la nganga, que dio la luz a su iniciación Rayado, comenzará a ser capaz de ver, oír y oler los espíritus. La ceremonia de Rayado abre el tercer ojo de un individuo y por lo tanto, tendrá que pasar mucho tiempo con los espíritus Congo como sea posible con el fin de desarrollar y afinar sus nuevas habilidades psíquicas, espirituales y mágicos.

SI SE HAN INICIADO EN LOS MISTERIOS CONGO Y NO PASAN LA NICHE EN FRENTE DE LA NGANGA DE SU CONGO MUNANZO, LA CEREMONIA NO SE HICO CORRECTAMENTE.

EN LA MAYORÍA DE MUNANZOS CONGO, DESPUES DE LACEREMONIA DEL RAYADO SE LE HACE UNA LIMPIEZA DE CABEZA"ROGACION DE LA CABEZA" AL NUEVO INICIADO PARA FORTALECER LA RELACION DEL NUEVO INICIADO CON EL PODEROSO ESPIRITU CONGO PARA ABRIR Y DESAROLLAR ELTERCER OJO DEL INICIADO. LA ROGACION DE LA CABEZA ESTABILIZA LOS ESPIRITUS GUIAS DEL NUEVO INICIADO.

EL SEGUNDA RAYADO RITUAL DE INICIACION

EL SEGUNDO RAYADO DEBE LLEVARSE A CABO DE (21) DÍAS DESPUÉS DEL PRIMER RAYADO. EL PROCESSO DE INICIACION ES EL MISMO PARA EL SEGUNDO PROCESO DE RAYADO CON LAS SIGUINTES EXCEPCIONES:

(1) El individuo ya no tiene que tener los ojos vendados.

(2) El individuo no es golpeado con el machete por los miembros del templo.

(3) Las cortadas del segundo rayado se realizan directamente en la cima y en el mismo lugar de las primeras cortadas del primer rayado.

(4) Despues de recibir el Segundo rayado, el nuevo iniciado se le da un conjunto especial de cuentas de espíritu llamado " COLLAR DE MUERTO " EL COLLAR DE MUERTO también es conocido como el "collar de la Bandera". Este collar es una larga cadena de cuentas que contiene colores diferentes DE CADA UNO DE LOS ESPÍRITUS DEL CONGO, una pequeña cadena y una concha de cauri que se prepara, envasados y sellados con una potente ingediente mágico que proteger a las personas y les da habilidades mágicas . EL COLLAR DE MUERTO se coloca sobre los hombros y en el pecho (hombro izquierdo a la cintura derecha) en ceremonias.

SI LA CONCHA DE CAURI EN EL COLLAR DE MUERTO NO SE HA LLENADO CON LOS INGREDIENTES MAGICOS POR EL TATA, LA CEREMONIA NO SE HIZO CORRECTAMENTE.

La Nganga del Espíritu Congo Zarabanda.

CÓMO HACER EL OMIERO DE LOS ESPIRITUS

El número de hierbas frescas utilizadas en la preparación del omiero depende del espíritu particular que se invoca y se prepara. La siguiente es una carta para el número de hierbas atribuidas cada uno de los espiritus.

OMIERO GENERAL - 21 o 121 HIERBAS

OMIERO DE LUCERO - 21 o 121 HIERBAS

OMIERO DE EGGUN - 9, 21 o 121 HIERBAS

OMIERO DE CENTELLE NDOKI - 9 HIERBAS

OMIERO DE ZARABANDA - 9 HIERBAS

OMIERO DE TIEMBLA TIERRA - 8 HIERBAS

OMIERO DE MADRE DE AGUA - 7 HIERBAS

OMIERO DE MAMA SHOLAN - 5 HIERBAS

OMIERO DE CABO RONDO - 7 HIERBAS

OMIERO DE PRENDA JUDIA - 9, 21, 121 HIERBAS

OMIERO DE OZAIN - 21 o 121 HIERBAS

OMIERO DE BRAZO FUERTE - 6 HIERBAS

OMIERO DE SIETE RAYOS - 6 o 7 HIERBAS

OMIERO DE KOBAYENDE - 16 HIERBAS

OMIERO DE NSAMBA NTALA - 2, 4 o 21 HIERBAS

OMIERO DE AJE - 9, 21 o 121 HIERBAS

ELEMENTOS NECESARIOS PARA PREPARAR EL OMIERO

1. UN TAZON GRANDE
2. VEINTIUNO GRANOS DE PARAÍSO
3. MIEL DE ABEJA
4. PESCADO AHUMADO EN POLVO
5. JUTIA AHUMADO EN POLVO
6. CIGARROS
7. RON
8. (4) PIEZAS DE COCOS PREPARADOS PARA ADIVINACION
9. UNA ESTERA DE PAJA
10. PEMBA
11. HIERBAS FRESCAS AROMÁTICAS
12. AGUA FRESCA
13. AGUA BENDITA
14. AGUA DE LLUVIA
15. AGUA DE COCO

(AGUA BENDITA DE UNA IGLESIA ES OPCIONAL)

PREPARACIÓN

1. Coloque el petate sobre el suelo.

2. Coloque el tazón grande donde se prepara el Omiero en el centro del petate.

3. Vierta todas las aguas en el tazón.

4. Coloque todas las hierbas en el petate.

5. Rocíe las hierbas con el ron y sople el humo de un cigarro sobre todas las hierbas.

6. Coloque todos los elementos que va a utilizar para preparar el omiero en el petate.

7. Encienda una vela blanca y colóquela junto a la taza.

8. Recoja todas las hierbas con las dos manos y mantenerlo hasta el cielo y diga y haga lo siguiente:

CON LA BENDICION Y LA LICENCIA DE NSAMBI,

SALA MALEKUN, MALEKUN SALA

CON LA BENDICION Y LA LICENCIA DE EGGUN,

SALA MALEKUN, MALEKUN SALA

CON LA BENDICION Y LA LICENCIA DE LUCERO –

SALA MALEKUN, MALEKUN SALA

CON LA BENDICION Y LA LICENCIA DE OZAIN –

SALA MALEKUN, MALEKUN SALA

CON LA BENDICION Y LA LICENCIA DE – DIGA EL NOMBRE DEL ESPIRITU –

SALA MALEKUN, MALEKUN SALA

10. Sentado en una silla delante de la taza, empiece rasgando y desgarrando las hierbas en la agua. Esto se llama "la Iniciacion de Ozain."

11. Cante el mambo siguiente cuando hagas el omiero:

KAMA MA IYA - IYA IYA

KAMA MA ENU - ENU ENU

KAMA MA EBO - EBO EBO

KAMA MA EPO - EPO EPO

MA MA MA IYA IYA IYA.

MA MA MA IYA IYA IYA.

MA MA MA IYA IYA IYA.

EBO EBO EBO EBO EBO

EBO EBO EBO EBO EBO

EWE EWE EWE EWE EWE

EWE EWE EWE EWE EWE

MA MA MA IYA IYA IYA.

MA MA MA IYA IYA IYA.

MA MA MA IYA IYA IYA.

EBO EBO EBO EBO EBO

EBO EBO EBO EBO EBO

EWE EWE EWE EWE EWE

EWE EWE EWE EWE EWE

REPITA ESTA CANCION HASTA QUE HA TERMINADO PREPARANDO EL OMIERO.

12. Cuando haya terminado, agregue los siguientes elementos en el omiero, miel, granos del paraíso, pescado ahumado y jutía.

13. Consulte con los cuatro pedazos de coco en el ritual de adivinación para ver si el omiero se ha preparado correctamente.

14. Si la respuesta es si, entonces pon un goteo de cera de vela en el líquido de omiero. La cantidad de gotas dependerá en el omiero del espíritu. Use la tabla en la primera página de este capítulo. (Por ejemplo, si el omiero es para Zarabanda coloque 9 gotas de cera de la vela en el omiero).

LA CERA DE VELAS SELLA EL PODER MAGICO (ACHE) DE HIERBAS EN EL SAGRADO OMIERO.

CÓMO PREPARAR EL POLVO SAGRADO RAYADO

La fórmula sagrada que sigue es una versión acerca de cómo preparar correctamente el sagrado Polvo de la Iniciación del Rayado. Este polvo sagrado se puede preparar de una manera diferente en función del sistema Congo que usted están iniciando en. Si usted recibió su ceremonia de iniciación del Rayado y el Tata no uso este sagrado Polvo del Rayado en sus "rasguños", el rayado no se hizo correctamente. Es sólo mediante de la colocación de este polvo sagrado en su Rayado "rasguños" que el nuevo iniciado será espiritualmente conectado con los espíritus Congo. Si no tiene este hecho durante su ceremonia de iniciación del Rayado los espíritus Congo no serán capaz de protegerlo ni serán capaz de reconocerlo como uno de sus propios hijos. Este polvo sagrado es también conocido como "Polvo de Muerto" por los iniciados en el Palo Mayombe.

SI EL POLVO DEL RAYADO NO ES PREPARADO CORRECTAMENTE Y SE COLOCA EN LOS " RASGUNOS " DEL RAYADO DEL NUEVO INICIADO SERA CASI IMPOSIBLE QUITARLO DE SU CUERPO. ESTO PUEDE SER EXTREMADAMENTE PERJUDICIAL PARA EL ESPIRITUALMENTE BIENESTAR DEL NUEVO INICIADO. SI EL POLVO DEL RAYADO NO SE PREPARA CORRECTAMENTE, EL NUEVO INICIADO PUEDE DESARROLLAR UNA ENFERMEDAD TERMINAL Y CAUSAR LA MUERTE DEL NUEVO INICIADO.

ESTA ES OTRA DE ESAS HISTORIAS TRAGICAS QUE HE VISTO Y OIDOQUE LE PASA A 1000 DE PERSONAS INOCENTES QUE DESEAN RECIBIRLOS MISTERIOS AUTÉNTICOS DE LA RELIGIÓN DEL CONGO. EN MUCHAS DE ESTAS HISTORIAS TRAGICAS EL NUEVO INICIADO SOLO FUE "RAYADO EN PALO" Y EL TATA SOLO USO LA CENIZA DE UN CIGARRO O NADA.

ESTE NO ES EL CAMINO CORRECTO PARA RECIBIR LA CEREMONIA DE INICIACION DEL RAYADO. SI YA HA RECIBIDO LA INICIACIÓN DEL RAYADO Y NO NO HABIA NADA ENVASADO EN SUS "RASGUNOS", O SI SOLO SE UTILIZO LA CENIZA DE UN CIGARRO, NO SE HICO CORRECTAMENTE.

ASEGÚRESE DE QUE EL CONGO MUNANZO QUE USTED VA INICIARSE ES LEGITIMO Y QUE EL TATA SABE REALMENTE LO QUE ESTA HACIENDO. UNA CEREMONIA DE RAYADO DE INICIACIÓN INCORRECTA ES UN DESASTRE PARA EL NUEVO INICIADO.

INGREDIENTES NECESARIOS

LA TIERRA DE 121 TUMBAS

LA TIERRA DE 121 LUGARES DIFERENTES

POLVO DE HUESO HUMANO DE 21 HOMBRES DIFERENTES

121 HIERBAS EN POLVO

121 POLVO DE PALOS

POLVO DE CUERNO DE VENADO

POLVO DE ACHE DE SANTO HIERBA (OPCIONAL)

ESTE ES LA FORMULA AUTÉNTICA DEL POLVO DE LA INICIACIÓN DEL RAYADO. PODRIA HABER OTROS INGREDIENTES SAGRADOS DEPENDIENDO EN LOS MISTERIOS DEL PARTICULAR MUNANZO CONGO QUE USTED ESTA INICIADO.

SI EL TATA DE SU MUNANZO LE DICE QUE EN SU TRADICION RELIGIOSA DECONGO SOLO UTILIZAN "LA CENIZA DEL CIGARRO" O "NADA" EN LA CEREMONIA DE RAYADO DE INICIACIÓN. SI ES ASI, ENTONCES USTED DEBE ENCONTRAR UN TATA CALIFICADO PARA CORRIGERLO INMEDIATO.

CÓMO PREPARAR EL YAMBUZO PARA EL RAYADO

Las sagradas Tabletas Yambuzo están hechas de los mismos ingredientes que el Polvo de Iniciación del Rayado sino que se forman en forma de tabletas espirituales con miel de abeja para formarlas. Cuando un nuevo iniciado se le da estos ingredientes mágicos muy poderosos para tragar, si la persona tiene alguna brujería o energía negativa dentro de sus cuerpos estos ingredientes sagrados harán que vomiten y así eliminan todo el mal de su cuerpo. Al nuevo iniciado se le da (3) Tabletas Yambuzo de tragar junto con el sagrado Omiero para beber.

SI USTED RECIBIO SU CEREMONIA DE IINICIACION DEL RAYADO Y NO RECEBIERON TAVLETAS DE YAMBUZO PARA TRAGAR, ENTOCES SU RAYADO NO SE HIZO CORRECTAMENTE. ESTOS INGREDIENTES SAGRADOS SON ELEMENTOS CLAVE PARA LA PREPARACION DEL CUERPO ESPIRITUAL DEL NUEVO INICIADO PARA PODER TRABAJAR CON LOS ESPIRITUS CONGO.

ESTE ASPECTO ES IMPORTANTE EN LA CEREMONIA DE INICIACION DEL RAYADO ES COMUN EN TODOS LAS CREENCIAS DEL CONGO, NO IMPORTA QUE TRADICON RELIGIOSA QUE USTED ESTA..

SI NO TRAGO TABLETAS YAMBUZO SU CEREMONIA DE INICIACION DEL RAYADO NO SE HIZO CORRECTAMENTE.

INGREDIENTES NECESARIOS

LA TIERRA DE 121 TUMBAS

LA TIERRA DE 121 LUGARES DIFERENTES

POLVO DE HUESO HUMANO

121HIERBAS EN POLVO

121 POLVO DE PALOS

POLVO DE CUERNO DE VENADO

POLVO ACHE DE SANTO HIERBA (OPCIONAL)

MIEL DE ABEJA

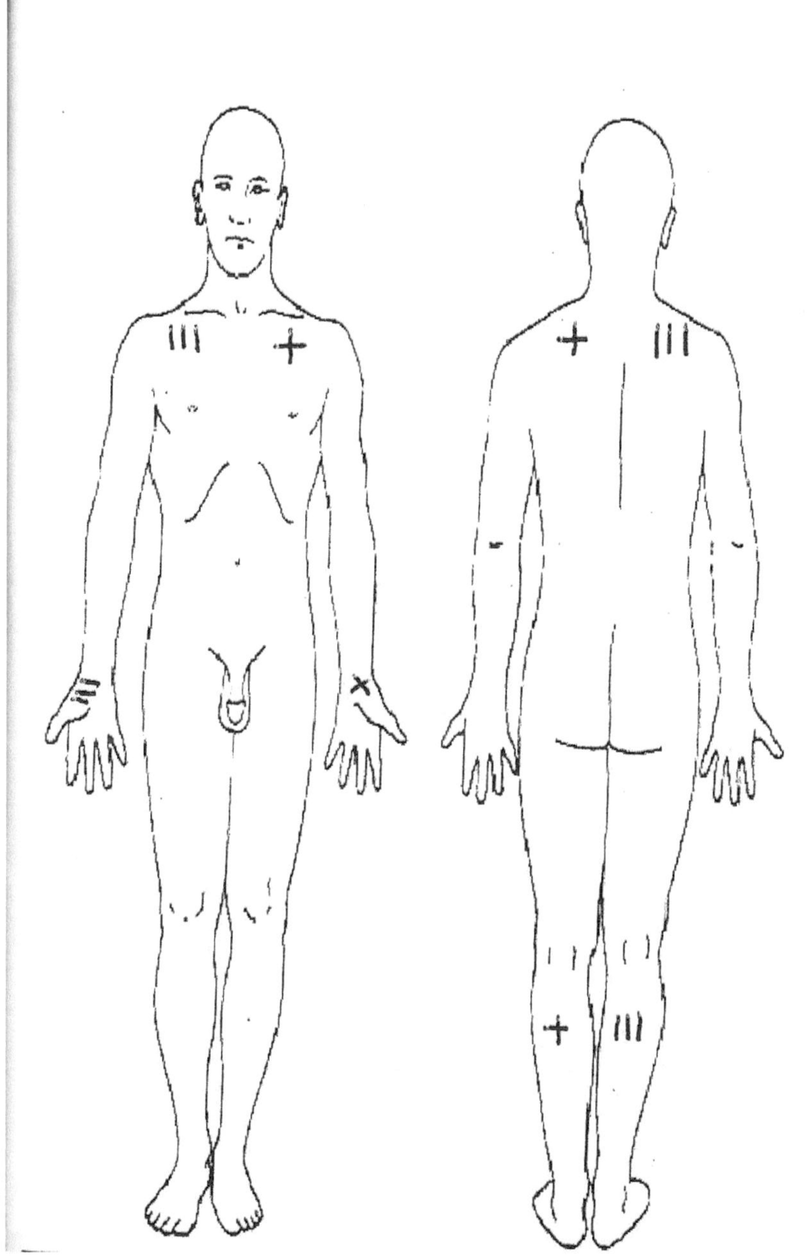

LAS MARCAS DE EL RAYADO (HOMBRE)

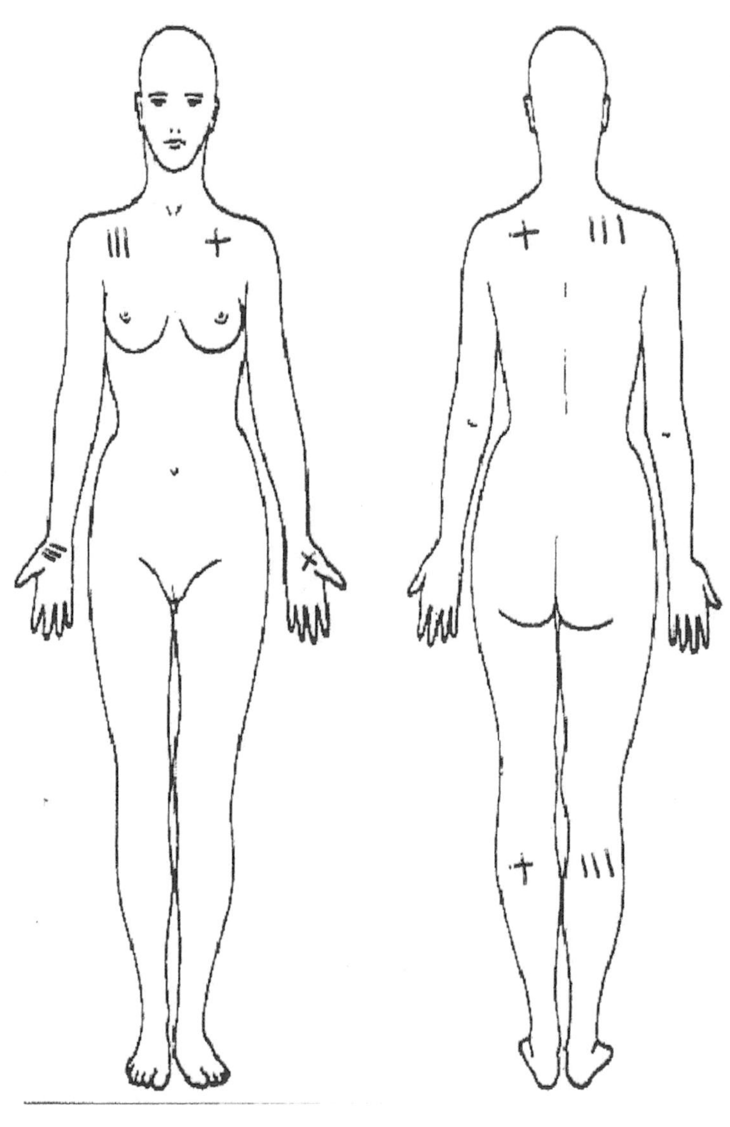

LAS MARCAS DE EL RAYADO (MUJER)

SPIRITUAL OIL
SPIRITUAL OIL
SPIRITUAL OIL
SPIRITUAL OIL

www.ingramcontent.com/pod-product-compliance
Ingram Content Group UK Ltd.
Pitfield, Milton Keynes, MK11 3LW, UK
UKHW041924190726
13854UKWH00003B/1435

9 781105 772719